Zeljko Kvesic

Analyse der Chancen und Risiken mobiler Arbeitsplätze aus

GRIN - Verlag für akademische Texte

Der GRIN Verlag mit Sitz in München hat sich seit der Gründung im Jahr 1998 auf die Veröffentlichung akademischer Texte spezialisiert.

Die Verlagswebseite www.grin.com ist für Studenten, Hochschullehrer und andere Akademiker die ideale Plattform, ihre Fachtexte, Studienarbeiten, Abschlussarbeiten oder Dissertationen einem breiten Publikum zu präsentieren.

Dokument Nr. V90850 aus dem GRIN Verlagsprogramm

Zeljko Kvesic

Analyse der Chancen und Risiken mobiler Arbeitsplätze aus technologischer Sicht

GRIN Verlag

Bibliografische Information der Deutschen Nationalbibliothek: Die Deutsche Bibliothek verzeichnet diese Publikation in der Deutschen Nationalbibliografie; detaillierte bibliografische Daten sind im Internet über http://dnb.d-nb.de/ abrufbar.

1. Auflage 2007
Copyright © 2007 GRIN Verlag
http://www.grin.com/
Druck und Bindung: Books on Demand GmbH, Norderstedt Germany
ISBN 978-3-638-94565-3

Analyse der Chancen und Risiken mobiler Arbeitsplätze aus technologischer Sicht

Studienarbeit

im Studienbereich Wirtschaft
an der Berufsakademie Heidenheim
Studiengang Wirtschaftsinformatik
Kurs eCommerce/eBusiness

eingereicht von

Zeljko Kvesic

Fachzuordnung: Methoden der Wirtschaftsinformatik
Semester: 2005/5
Abgabedatum: 10.12.2007

Inhaltsverzeichnis

Abbildungsverzeichnis

Abkürzungsverzeichnis

EDGE	Enhanced Data Rate for GSM Evolution
GSM	General System for Mobile Telecommunications
GPRS	General Packet Radio Service
HSCSD	High Speed Circuit Switched Data
MAV	Mobile Added Values
PDA	Personal Digital Assistent
sog.	sogenannte(n)
UMTS	Universal Mobile Telecommunications System
WAP	Wireless Application Protocol
WLAN	Wireless Local Area Network

1. Einleitung

Die Unternehmen in Deutschland stehen vor zahlreichen Herausforderungen: steigender Konkurrenzdruck, steigende Kosten, umfangreiche Kundenwünsche, steigender Zeitdruck. Die Verschärfung der Wettbewerbsbedingungen und die Intensivierung des Wettbewerbs führen dazu, dass es für jedes Unternehmen wichtig wird zur richtigen Zeit und am richtigen Ort präsent zu sein und zu agieren.[1]

Die neuen Herausforderungen erfordern die Entwicklung und Einführung neuer Formen und Organisationen in den Unternehmen. Eine wichtige Rolle in dieser Reorganisation spielt die Gestaltung der Arbeitsplätze. Das Zukunftsmodell der Arbeitsplatzgestaltung führt weg von starren, ortsgebundenen Formen hin zu flexiblen und Endgeräte-unabhängigen Konzepten. Die Mobilität, die durch solche Konzepte erreicht wird, ermöglicht es flexibel und schnell auf die Anforderungen der Stakeholder zu reagieren.[2]

Die Unternehmen können dank der mobilen Arbeitsplätze auf immer kürzer werdende Produktzyklen schneller reagieren. Mobile Arbeitnehmer sind in der Lage einen engen Kontakt zum Kunden zu halten. Die Nähe zum Kunden, die durch Mobilität erreicht wird, ermöglicht es die Bedürfnisse der Kunden und des Marktes zu erfahren und gezielt mit entsprechenden Dienstleistungen und Produkten zu reagieren.[3]

In den Unternehmen werden Endgeräte-unabhängige mobile Arbeitsplätze immer notwendiger. Dennoch haben die Verantwortlichen meist noch keine genauen Vorstellungen, wie sie diesen Anforderungen gerecht werden. Nach den Umfragen von Centracon sind die Lösungsansätze für 52% der Unternehmen nicht oder nur unzureichend bekannt. (Befragt wurden 344 Unternehmen mit über 50 Mio. € Umsatz im Jahr.)[4]

---

[1] Vgl.: HMD Praxis der Wirtschaftsinformatik Heft 244, August 2005; S. 74

[2] Gerhards, R.: Mobile Arbeitsplätze gefragt. In: VoiP Magazin 12/2006 (2006)

[3] Vgl.Matthies, P.; Telearbeit, das Unternehmen der Zukunft; 1997; S. 48

[4] Mobile Arbeitsplätze Unternehmensstudie, http://www.centracon.com/mobile_arbeitsplaetze.html

Die Studienarbeit versucht die verschiedenen Formen der mobilen Arbeit, ihre Chancen und Risiken und wichtige technischen Erfolgsfaktoren darzustellen. Es werden die Begriffe und Voraussetzungen erläutert und aufgezeigt.

2. Begriffsdefinition

2.1. Mobile Business

Der Begriff Business beinhaltet im Allgemeinen das gesamte Geschäftsumfeld eines Unternehmens. Dazu gehören sämtliche Prozesse und Beziehungen zu Zulieferern, Mitarbeitern und Kunden, also alle administrativen und betriebswirtschaftlichen Vorgänge innerhalb des Unternehmens und in seinem Beziehungsumfeld.[5]

Für Mobile Business lassen sich zumindest zwei deutlich verschiedene Begriffsauffassungen finden:
Einerseits kann Mobile Business als die Nutzung mobiler Technologien beschrieben werden, um bestehende Geschäftsprozesse zu verbessern und zu erweitern, oder um neue Geschäftsfelder zu erschließen. Zum anderen wird mit Mobile Business aber auch die Gesamtheit aller Aktivitäten, Prozesse und Anwendungen in Unternehmen bezeichnet, welche mit mobilen Technologien durchgeführt oder unterstützt werden. Die Kunden oder geschäftsorientierte Anwendungen würde man in diesem Fall unter Mobile Commerce zusammenfassen. Für die übrigen Anwendungen können die Bezeichnungen Mobile Services, mobile Dienstleistungen oder einfach mobile Applikationen verwendet werden.[6]

Zusammenfassend versteht man den Begriff Mobile Business als die Anbahnung, Unterstützung, Abwicklung und Aufrechterhaltung von Leistungsaustauschprozessen mit Hilfe elektronischer Netze und mobiler Zugangsgeräte.[7]

---

[5] Vgl.:Neuburger, R.; eBusiness – Entwicklung für kleine und mittelständische Unternehmen; Teia Verlag; 2003.

[6] Lehner, F.; Mobile und drahtlose Informationssysteme; Springer Verlag; 2003; S. 6.ff

[7] Wirtz: Kompakt-Lexikon des eBusiness; Gabler Verlag; S. 152

2.2.   Mobile Anwendungen

Mobile Anwendungen als Teil vom Mobile Business zeichnen sich durch folgende Eigenschaften aus[8]:

- Mobilität: Ein Nutzer mit einem mobilen Gerät hat an jedem Standort einen Zugang zum Netz, zu Produkten und Dienstleistungen.
- Erreichbarkeit: Der Nutzer mobiler Anwendungen ist jederzeit erreichbar.
- Identifikation: Mobile Geräte wie das Mobiltelefon sind einzelnen Nutzern persönlich zugeordnet.

Mobile Anwendungen spielen eine wichtige Rolle bei der Optimierung der Geschäftsprozesse von Unternehmen. Durch eine Reduktion der Medienbrüche, z. B. durch eine elektronische Datenerfassung vor Ort beim Kunden, können Kosteneinsparungen sowie Qualitätsverbesserungen erreicht werden.[9]

Neben der innerbetrieblichen Benutzung von mobilen Anwendungen ergeben sich auch weitere Anwendungsszenarien für einen überbetrieblichen Datenaustausch. So ist es zukünftig zu erwarten, dass bei einem Zusammentreffen von zwei Firmenvertretern beide über diese mobilen Endgeräte verfügen. Dadurch wird die Bildung von Ad-hoc-Netzwerken und direkter Datenaustausch möglich. Für den Business-to-Business-(B2B-)Sektor ergeben sich hierdurch neue Möglichkeiten der überbetrieblichen Anwendungsintegration.[10]

2.3.   Mobilität, Mobilitätsarten

Mobilität gewinnt im Bereich eBusiness und Mobile Business stark an Bedeutung. Entsprechend müssen Kommunikationssysteme, über welche mobile Anwendungen genutzt werden, Basisfunktionalitäten einer transparenten Unterstützung der Mobilität des Nutzers zur Verfügung stellen.[11]

---

[8] Stromer, H. u.a; Mobile Business – eine Übersicht in HMD, Praxis der Wirtschaftsinformatik, Heft 244, August 2005, S. 7.

[9] Vgl. Höß, D. u.a.; Ein Klassifikationsschema für die Architektur von mobilen Anwendungen; in Proceeding zur 5. Konferenz MCTA 2005; Uni Augsburg

[10] vgl. Lehner, F. 2003, S. 9ff

[11] Hess, Tl; Technische Möglichkeiten und Akzeptanz mobiler Anwendungen in Wirtschaftsinformatik 47 (2005), Seite 7

Küpper stellt ein Referenzmodell für mobilitätsbezogene Basisfunktionalitäten eines Datenkommunikationssystems vor, das zwischen primären und sekundären Mobilitätsformen unterscheidet. Zu den primären Mobilitätsformen zählen Endgerätemobilität, Personenmobilität, Dienstmobilität und Sitzungsmobilität. Sekundäre Mobilitätsformen decken systemtechnische und administrative Aspekte der primären Mobilitätsformen ab.[12]

Primäre Mobilitätsformen:[13]

1. Unter Endgerätemobilität verstehen wir die räumliche Beweglichkeit von portablen Geräten wie z. B. Mobiltelefonen oder PDAs.

2. Personenmobilität ermöglicht einem Nutzer, seine Identität gegenüber dem Netz zu erhalten, unabhängig von dem aktuellen Netzzugangspunkt und dem genutzten Endgerät.

3. Dienstmobilität erlaubt dem Nutzer unabhängig von seinem Endgerät an einer beliebigen Stelle Dienste in der von ihm bevorzugten Form zu nutzen.

4. Sitzungsmobilität ermöglicht Einrichtung und Aufrechterhaltung von Sitzungen in einem Kommunikationsnetz. Sitzung ist in diesem Fall definiert als eine temporäre Beziehung zwischen verteilten Dienstkomponenten.

Endgerätemobilität und Personenmobilität sind in der Praxis heutzutage bereits gut realisierbar, wogegen die anderen zwei primären Mobilitätsformen noch technischen und sicherheitstechnischen Problemen gegenüberstehen.

---

[12] Küpper, A.; Reiser, H.;Schiffers, M.: Mobilitätsmanagement im Überblick – Von 2G zu 3.5G, In: Praxis der Informationsverarbeitung und Kommunikation 27 (2004), S.68-73

[13] Arbeitsgruppe „Mobile Anwendungen", Technische Möglichkeiten und Akzeptanz mobiler Anwendungen, In: Wirtschaftsinformatik 47 (2005), S. 8

3. Mobile Arbeitsplätze

3.1. Definition mobiler Arbeitsplätze

Mobile Arbeit ist eine Form der Telearbeit. Telearbeit an sich wird als jede auf Informations- und Kommunikationstechnik gestützte Tätigkeit definiert, die ausschließlich oder zeitweise außerhalb von der zentralen Betriebsstätte ausgeführt wird.[14]

Mobile Telearbeit definiert man als ortsunabhängiges Arbeiten mit mobiler Informations- und Kommunikationstechnik. Die Arbeitnehmer sind dadurch von ihrem aktuellen Standort unabhängig, können immer und überall auf die Daten im Unternehmen zugreifen. Unnötige Fahrten in die Unternehmenszentrale können somit entfallen.[15]

Nicht jeder Arbeitnehmer, der gelegentlich außerhalb von seinem Büro am Laptop arbeitet, schon gar nicht jeder der über ein „dienstliches" Mobiltelefon verfügt, kann als mobiler Telearbeiter gelten. Mobile Arbeitnehmer sind, nach der Definition von ECaTT, solche, die mindestens 10 Stunden pro Woche an einem anderen Ort als der zentralen Betriebsstätte und ihrer Wohnung arbeiten und hierbei mobile Informations- und Kommunikationstechniken einsetzen.[16]

Abhängig davon, wie und wo mobil gearbeitet wird, lassen sich folgende Varianten mobiler Arbeit unterscheiden:
- vor Ort beim Kunden mit Unterstützung mobiler Informations- und Kommunikationstechnologie
- während Reise- bzw. Aufenthaltszeiten
- innerhalb einer großräumigen Arbeitsstätte mit Hilfe mobiler Informations- und Kommunikationstechniken.

---

[14] Matthies, P; Telearbeit, das Unternehmen der Zukunft; Pearson Education; 1997; S. 20

[15] Telearbeit Leitfaden für flexibles Arbeiten in der Praxis; S. 12; Bundesministerium für Arbeit und Sozialordnung

[16] Vgl. Schröder, L.; Mobile Telearbeit – Problemfelder und Gestaltungsideen, S. 12

3.2.   Technische Voraussetzungen

Die so genannten „Enabling Technologies" realisieren grundlegende Mechanismen und Standards für mobile Arbeitsplätze. Die technischen Voraussetzungen bestehen zum Einen aus den mobilen Endgeräten und zum Anderen aus den mobilen Informations- und Kommunikationssystemen. Diese Technologien ermöglichen es dynamische mobile Arbeitsumgebungen einzurichten und zu betreiben.

3.2.1 Mobile Endgeräte

Als mobile Endgeräte gelten portable Rechner, Notebooks, PDAs, mobile Telefone und Smartphones, die einen Internetanschluss unterwegs gewähren. (siehe Abb. 6, Abb. 7)

PDAs sind gegenüber den mobilen Telefonen flexibler in der Programmierung, da diese meist mit fest installierter Software ausgeliefert werden. Sie bieten aber im Gegensatz zu Mobiltelefonen keine eingebaute Netzanbindung.[17] (anm. A.: die aktuellen PDAs besitzen in der Regel ein eingebautes WLAN-Modul für den Internetzugriff über WLAN-Hotspots). Eine Zwischenlösung findet man in den sog. Smartphones, die eine Kombination aus einem PDA und einem Mobiltelefon bilden.

Beim Vergleich zwischen mobilen Endgeräten und den stationären Rechnern sind folgende Unterschiede festzustellen:

- kleine Anzeige
- langsamere Prozessoren
- weniger Arbeitsspeicher
- umständliche Dateneingabe
- begrenzte Bandbreite zur Kommunikation
- geringe Akkuleistung

Weiterhin zeichnen sich mobile Lösungen gegenüber stationärem IT-Einsatz durch typische Eigenschaften aus, die als mobile Mehrwerte bezeichnet werden. Nach Turowski unterscheidet man folgende MAV:[18]

---

[17] Bertsch, A.; Thiel, C.; Mobile Endgeräte und ihre Eignung für sicheren M-Commerce in HMD 224 (04/2002)

[18] Vgl.: Turowski, K.;Pousttchi, K.: Mobile Commerce – Grundlagen und Techniken. Springer Verlag, Heidelberg 2004

6

- Allgegenwärtigkeit
- Kontextsensitivität
- Identifizierungsfunktionen
- Telemetriefunktionen

Der bedeutendste Mehrwert ist die Allgegenwärtigkeit (ubiquity), und umfasst die weit reichende Ortsunabhängigkeit. Dies erhöht die Verfügbarkeit und führt zur Steigerung der Reaktionsgeschwindigkeit.

Der Markt der mobilen Endgeräte wird, vergleichbar zu den stationären Lösungen, von Microsoft und dem Betriebssystem Windows Mobile 6 dominiert. Viele Hersteller wie zum Beispiel Samsung, HTC oder Motorola bieten Smartphones mit integriertem Windows Mobile. Außer dem Microsoft-Produkt existieren weiterhin Smartphones mit Linux-Betriebssystem, Symbian OS und Palm OS. Die Reihe der Endgeräte rundet die Firma RIM mit den Blackberry-Geräten zur vereinfachten E-Mail-Kommunikation ab.

3.2.2 Kommunikationstechnologien

Die Kommunikationsmöglichkeiten mobiler Endgeräte lassen sich in große, globale und kleine, lokale Netzwerke unterteilen. Globale Netze nutzt man um weltweit mit Teilnehmern zu kommunizieren. Lokale Netze werden zur Kommunikation mit Geräten oder Personen in näherer Umgebung genutzt.[19]

Globale Netze, die eingesetzt, werden sind vor allem GSM und UMTS.
Global System for Mobile Communication (GSM) ist ein Netzwerk, das von der European Conference of Post and Telecommunication (CEPT) entwickelt wurde. Dieses Netz war ursprünglich als mobiles Telefonnetz geplant und ist mittlerweile in mehr als 200 Ländern weltweit im Einsatz.[20]
GSM ermöglicht neben drahtlosem Telefonieren weitere Dienste wie das GPRS und EDGE, womit sich ein GSM-fähiges mobiles Endgerät mit dem Internet verbinden kann. Mit einer Datenübertragungsrate von 9,6 kbit/s und der verbindungsorientierten Abrechnung eignet sich die GSM-Technologie weniger als Kommunikationsmedium

---

[19] Stormer, H.; Meier, A.; Lehner, F.; Mobile Business – eine Übersicht; in HMD Heft 244 (08/2005) Seite 9.
[20] Vgl. GSMA http://www.gsmworld.com/news/statistics/ Abzug vom 12/2007

für mobile Arbeitsplätze. Der Bedarf nach höheren Bandbreiten führte zu einer Erweiterung der gegenwärtigen GSM-Netze durch Trägerdienste wie:[21]

- HSCSD
- GPRS
- EDGE

Universal Mobile Telecommunications System (UMTS): UMTS steht für den Mobilfunkstandard der dritten Generation (3G) und bietet gegenüber GSM höhere Übertragungsraten von aktuell 384 kbit/s. Im sog. TDD-Modus sind Übertragungsraten von 2 Mbit/s möglich. Innerhalb vom UMTS-Netz erfolgt die Abrechnung für den Internetzugang nach dem tatsächlichen Volumen der übertragenen Daten.[22]
Neben der höheren Übertragungsgeschwindigkeit zeichnet sich das UMTS-Netz durch höhere Sicherheit gegenüber den GSM-Netzen aus und bietet insbesondere eine unterbrechungsfreie Aufrechterhaltung der Verbindung. So wird beim Wechsel von einer Funkzelle zur nächsten die Verbindung nicht unterbrochen, sondern durch einen sog. Handover hin zu GPRS aufrechterhalten.[23]

Wireles Local Area Network (WLAN): WLAN wird für den Aufbau lokaler Hochgeschwindigkeitsnetze genutzt. Die Reichweite von eingesetzten Hotspots beträgt ca. 10 m und eignet sich für den Einsatz innerhalb von einem Unternehmen – zum Beispiel in einem Gebäude.

Bluetooth: Bluetooth wird zum Aufbau lokaler Verbindungen genutzt. Geräte können dank dieser Technologie auf kurzen Distanzen zusammengeschlossen werden und so Daten und andere Informationen austauschen. Neben der Kommunikation zwischen Geräten erlaubt Bluetooth den Aufbau von kurzfristigen Netzwerken.[24]

---

[21] Herzig M.; Basis Technologien und Standards des Mobile Business; in Wirtschaftsinformatik 43 (2001); Seite 397-404

[22] Vgl. Schreiber, G. A.;UMTS Märkte – Potenziale – Geschäftsmodelle; Deutscher Wirtschaftsdienst

[23] Vgl. Walke, B.; Mobilfunknetze und ihre Protokolle Grundlagen GSM, UMTS und andere Netze; Teubner Verlag; 2001

[24] Stormer, H.; Meier, A.; Lehner, F.; Mobile Business – eine Übersicht; in HMD Heft 244 (08/2005) Seite 10.

3.3. Einsatzgebiete für mobile Arbeitsformen

Wenn es um die Gestaltung und Einführung mobiler Arbeitsplätze im Unternehmen geht, ist es bedeutsam, die Personen und Abteilungen, die sich für diese Art von Arbeit eignen, auszuwählen. Grundsätzlich wichtig bei der Auswahl ist die Frage, ob die Mitarbeiter berufsbedingt mobil sind. Konkretes Beispiel ist in vielen Unternehmen der Vertrieb, der den Kunden vor Ort besucht und betreut. Ein mobiler Arbeitsplatz lässt sich aber auch im Rahmen von einem Lager durch Anbindung der Mitarbeiter an das ERP-System erreichen. Aus den zwei vorangegangenen Beispielen ist bereits ersichtlich, dass das Einsatzgebiet für mobile Arbeitsplätze weit reichend ist.

Folgende Beispiele aus der Praxis verdeutlichen die möglichen Einsatzgebiete mobiler Telearbeit:

-   Bei BMW wird mobile Arbeit in verschiedenen Abteilungen eingesetzt, unter anderem in der Fahrzeugerprobung und im Vertrieb. Im Vertrieb sind die Vertriebsleiter aus ihren Zentralen ausgesiedelt und arbeiten in Regionalbüros. Dies ermöglicht eine Nähe zum Kunden, die sonst nicht möglich wäre.[25]
-   Siemens hingegen hat 10.000 Kundendienst-Mitarbeiter mit mobilen Endgeräten ausgestattet. Daher sind sie in der Lage, vor Ort beim Kunden nötige Ersatzteile zu bestellen, wodurch Leerlaufzeiten defekter Maschinen auf Kundenseite reduziert werden.[26]
-   Telia, das schwedische Telekommunikationsunternehmen, rüstet seine Mitarbeiter mit Laptop und Mobilfunk für einen mobilen Internetzugang aus. Die Service-Mitarbeiter sind in der Lage, bereits beim Kunden vor Ort Ersatzteile anzufordern, den Telefonanschluss online zu aktivieren und weitere Dienstleistungen anzubieten. [27]

Hier sind zusammenfassend einige Berufsgruppen, die sich für den Einsatz mobiler Arbeitsplätze eignen:

-   Firmenvertreter (Vertrieb, Makler)
-   Servicemitarbeiter (Kundendienst)

---

[25] Niggl, M.;Edfelder, D.; Kraupa, M.; Telearbeit der der BMW Group, Springer-Verlag 2000
[26] Vgl. Schröder, L.; Mobile Telearbeit – Problemfelder und Gestaltungsideen, S. 10
[27] Wiberg, Michael: Empirical study of mobile work at Telia, Research Seminar in Scandinavia, 2001

- Entwicklungsingenieure (Fahrzeugbau bei Tests außerhalb des Firmengeländes)

3.4. Technische Gestaltung mobiler Arbeitsplätze

Wenn es um die Gestaltung der mobilen Arbeitsplätze geht, ist es für viele Unternehmen noch nicht ersichtlich, wie diese Hürde genommen und gelöst wird. Trotz des technischen Fortschritts im Bereich mobiler Endgeräte und mobiler Kommunikationssysteme sind die Wege zu effizienten mobilen Arbeitsumgebungen nicht klar definiert.[28]

Bevor ein Unternehmen mit der Gestaltung und Einführung mobiler Arbeitsplätze anfangen kann, ist es notwendig, die Bedürfnisse und Formen der Mobilität der einzelnen Mitarbeiter zu klären. Zudem ist es wichtig, die Aufgaben, die Mitarbeiter unterwegs außerhalb der Betriebsstätte erledigen müssen und die Daten, die zur Verfügung stehen sollen, zu definieren.

3.4.1 Hardware und Software

Ein mobiler Arbeitsplatz besteht aus Hardware-Umgebung und aus der Software, die auf dieser Hardware installiert ist. Abhängig von den Aufgaben der Mitarbeiter umfasst die Hardware folgende Komponenten:
- Notebook (ein mobiler Rechner)
- PDA
- Smartphone oder internetfähiges Mobiltelefon

Bei der Auswahl der Software empfiehlt es sich in der Regel, die gleiche Anwendungssoftware zu benutzen wie am Büroarbeitsplatz. Dadurch wird eine einheitliche Administrationspflege gewährleistet. Die Mitarbeiter können sich an die neue Umgebung (mobiler Arbeitsplatz) einfacher gewöhnen.[29]

---

[28] Vgl. http://www.centracon.com/mobile_arbeitsplaetze.html
[29] Vgl.: Telearbeit Leitfaden für flexibles Arbeiten in der Praxis, Bundesministerium für Arbeit und Sozialordnung 2001

Bei der mobilen Telearbeit kommen als Rechner nur Laptops in Frage. Sie ermöglichen für den Mitarbeiter letztendlich die Mobilität. Bei der Wahl geeigneter Rechner sollten folgende Kriterien beachtet werden:

- Prozessortyp, Taktfrequenz, Größe der Festplatte, Größe des Hauptspeichers
- Erweiterungsfähigkeit: Wie lange kann der Rechner eingesetzt werden und wie lange ist die Hardware aktuell?
- Akkulaufzeit: Wie lange ist ein Mitarbeiter in der Lage mobil zu arbeiten?

Abhängig von den Aufgaben die es zu erfüllen gilt, kann es notwendig sein, die Mitarbeiter mit einem PDA, einem Smartphone oder einem Pocket PC auszustatten. Diese Endgeräte ermöglichen den schnellen Zugriff auf Applikationen oder Daten außerhalb der Unternehmenszentrale.

Eine Entscheidung, welches mobile Endgerät sich für welche Form der mobilen Arbeit eignet, wird nicht allein anhand der technischen Spezifikationen und des Funktionsumfangs getroffen. Die Entscheidung hängt von vielen Faktoren ab. Sie können in drei Kategorien zusammengefasst werden:[30]

- Technische Rahmenbedingungen:
- Die Frage, ob sich ein Gerät in einer Arbeitssituation zur Erledigung einer Aufgabe eignet oder nicht.
- Persönliche Präferenzen:
- Ob sich ein Gerät zur Erledigung einer Aufgabe eignet oder nicht, hängt stark von den persönlichen Vorlieben der Benutzer ab.
- Wirtschaftlichkeit:
  Wirtschaftlichkeit ist ein wichtiger Faktor bei der Wahl mobiler Endgeräte. Mobile Kommunikation ist teurer und aufwändiger als stationäre Kommunikation. Entsprechend teurer sind die vergleichbaren mobilen Endgeräte.

3.4.2 Kommunikation mit der Betriebsstätte

Wenn der mobile Arbeitsplatz eingerichtet ist und die Hardware und Software zur Verfügung stehen, gilt es die Mitarbeiter, die im mobilen Einsatz sind, in die Unternehmensinfrastruktur einzubinden. Insbesondere ist der Zugriff auf die Kundendaten,

---

[30] Vgl.: Föckner, E.; Löffler, T. Mobile Aufgabenerledigung – Auf das richtige Endgerät kommt es an, Competence Site; http://www.competence-site.de/mbusiness.nsf/

Wissensdatenbanken, Dokumente und Vorlagen sowie die Kommunikation mit den Kollegen aus der zentralen Betriebsstätte wichtig. Der Mitarbeiter sollte in der Lage sein, folgende Dienste in Anspruch zu nehmen:

- *Mitteilungen lesen und versenden (meist E-Mail-Nachrichten):* Kommunikation mit Kunden und Kollegen ist wichtig und notwendig, um über relevante Ereignisse informiert zu werden. Zum mobilen Zugriff auf E-Mails existieren bereits Lösungen. Groupware wie zum Beispiel Microsoft Exchange ermöglicht den mobilen Zugriff auf E-Mails, Kontakte und weitere Daten. Dies erfolgt über eine Web-Schnittstelle oder durch die Push-Technologie direkt über einen PDA oder ein Smartphone.

- *Dokumente erstellen und ablegen:* Das Verfassen von Dokumenten (zum Beispiel Angebote, Protokolle usw.) ist eine wichtige Funktionalität, die dem Mitarbeiter höhere Produktivität erlaubt, da auch zum Beispiel Reisezeit sinnvoll genutzt werden kann.

- *Dokumente suchen und sichten:* Zugriff auf bereits vorhandene Dokumente im Unternehmen. Der Mitarbeiter greift so auf wichtige Informationen oder Vorlagen zu.

Damit diese Anforderungen erfüllt werden, benötigen die Mitarbeiter, die über einen mobilen Arbeitsplatz verfügen, einen Zugriff auf die Informationsinfrastruktur des Unternehmens.

Die Schutzziele, die für die mobilen Arbeitsplätze relevant sind, sind in erster Linie die üblichen Schutzziele Vertraulichkeit, Authentizität und Integrität der Kommunikation. Diese werden in der Praxis meist durch VPN-Lösungen (Virtual Privat Network) gewährt.

VPN ist ein Netzwerk, das ein öffentliches Netz benutzt, um private Daten zu transportieren und bietet Authentifizierung der Benutzer bzw. Verschlüsselung der Daten beim Transport. Dazu kommen die Identifizierung und Berechtigung der Kommunikationspartner und die Integrität der Daten.[31]

---

[31] Vgl. Lipp, M.; VPN – Virtuelle Private Netzwerke, Addison-Wesley, München 2001

3.4.3 Organisation der Kommunikation mobiler Arbeiter

Die technische Einrichtung der mobilen Arbeitsplätze bildet die Voraussetzung für das mobile Arbeiten und die Kommunikation. Alle Beteiligten müssen sich frühzeitig Gedanken machen, welcher Kommunikationsbedarf besteht. Darunter versteht man Arbeitgeber, Mitarbeiter, Partner und Kunden.

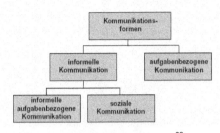

Abbildung 1: Kommunikationsformen[32]

Die Abbildung 1 zeigt die grundsätzliche Unterscheidung der Kommunikationsformen. Die aufgabenbezogene Kommunikation hängt von den Arbeitsaufgaben der Beteiligten ab. Durch den Einsatz von Kommunikationssystemen, wie zum Beispiel Videokonferenzen, E-Mail und Groupware kann die aufgabenbezogene Kommunikation vereinfacht werden. Die informelle aufgabenbezogene Kommunikation ist die unbürokratische Kommunikation zwischen den Kollegen auf dem Flur oder beim Mittagessen und geschieht spontan. Sie dient dem Informations- und Erfahrungsaustausch. Die soziale Kommunikation dient dem Aufbau zwischenmenschlicher Beziehungen.[33]

Die Organisation der Kommunikation sollte vom Vorgesetzten gemanagt werden. Wichtig ist es vor allem, die mobilen Arbeitnehmer ausreichend mit Informationen zu versorgen. Die Arbeitnehmer sollen die vorhandenen Kommunikationsmedien intensiv nutzen um jede Kommunikation innerhalb des Teams zu fördern und aktiv zu unterstützen.[34]

---

[32] Quelle: Telearbeit Leitfaden für flexibles Arbeiten in der Praxis

[33] Vgl. Telearbeit Leitfaden für flexibles Arbeiten in der Praxis, Bundesm. für Arbeit und Sozialordnung, 2001; Seite 33

[34] Vgl. Telearbeit Leitfaden für flexibles Arbeiten in der Praxis, Bundesm. für Arbeit und Sozialordnung, Seite 35., 2001

3.5. Verbreitung mobiler Arbeitsplätze

Ende der Neunziger Jahre sahen die Prognosen zur Entwicklung der Telearbeitsplätze einen Anstieg der Telearbeiter von damals 7 % auf bis zu 80 % im Jahr 2010 vor. Den Anteil mobiler Arbeitnehmer prognostizierte man auf ca. 20 %.[35] Auch wenn diese Zahlen mit Prognosen aus früheren Jahren zu optimistisch sind und die Entwicklung mobiler Arbeitsplätze stagniert, dürfte die mobile Telearbeit in den nächsten Jahren stetig zunehmen. Dies verdeutlicht die Studie der Empirica aus dem Jahr 2002. (siehe Abbildung 3.2)

Organisationsform	Telearbeiter in % der Erwerbstätigen		Durchschnittliches jährliches Wachstum in %
	1999	2002	
permanente und alternierende Telearbeit	1,5	1,6	1
supplementäre Teleheimarbeit	1,6	6,3	58
mobile Telearbeit	1,5	5,7	57
Telearbeit in SOHO	1,5	5,2	50
Gesamt	6,0	16,6	40

Abbildung 2: Entwicklung mobiler Arbeitsformen in Deutschland 1999-2002 (Quelle: Empirica 2002)

Laut der Studie von ECaTT[36] arbeiteten im Jahr 2000 in Europa bereits 2,3 Millionen Menschen in mobilen Arbeitsumgebungen. Vor allem in den Niederlanden, Deutschland und Großbritannien ist der Anteil mobiler Arbeitnehmer hoch. (siehe Abbildung 9)

---

[35] Vgl.: ECaTT-Report 2000, http://www.ecatt.com/statistics/tgps/nwwg9001.html

[36] ECaTT-Report 2000, http://www.ecatt.com/statistics/tgps/nwwg9009.html

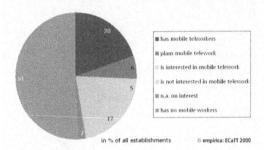

Practice and interest in mobile telework (EU10)

- has mobile teleworkers
- plans mobile telework
- is interested in mobile telework
- is not interested in mobile telework
- n.a. on interest
- has no mobile workers

in % of all establishments   © empirica: ECaTT 2000

Abbildung 3: Einsatz von und Interesse an mobilen Arbeitsplätzen[37]

Ein Drittel der befragten Unternehmen setzen mobile Arbeitsplätze bereits ein oder sind an den mobilen Arbeitsplatzumgebungen interessiert.

Die Studien und Umfragen zu der Entwicklung mobiler Arbeitsplätze, sowohl in Europa als auch in Deutschland, verdeutlichen die Wichtigkeit dieser Ansätze, machen aber auch klar, dass sich die Unternehmen rechtzeitig damit beschäftigen müssen.

Vergleicht man diese Ergebnisse mit dem Ergebnis der Umfrage aus dem Abschnitt 1, erkennt man, dass die Technologien und Lösungsansätze zur Gestaltung mobiler Arbeitsplätze ein wichtiges Geschäftsmodell darstellen.

---

[37] ECaTT Report 2000

4. Analyse der Chancen und Risiken

Die Einführung mobiler Telearbeit bringt für jedes Unternehmen eine Reihe tief greifender Veränderungen in der Arbeitsorganisation mit sich. Im Zuge dieser Änderungen kommt es selbstverständlich zu Interessendivergenzen zwischen den Arbeitgebern und Arbeitnehmern. Während sich die Unternehmen auf die wirtschaftlichen Vorteile konzentrieren, stehen für die Arbeitnehmer die Konsequenzen für ihre persönliche Arbeitssituation im Vordergrund.[38]

Aus diesem Grund erfolgt die Betrachtung der Chancen und Risiken getrennt für diese beiden Zielgruppen. Die Analyse erfolgt sowohl aus der wirtschaftlichen als auch aus der technischen Sicht.

4.1. Unternehmenssicht der Chancen und Risiken

4.1.1 Chancen der mobilen Telearbeit

Mobile Arbeitsplätze eröffnen für Unternehmen eine Reihe von Chancen und bieten zahlreiche Vorteile – von der Produktivitätssteigerung bis zur Verbesserung der Kundenorientierung.[39]

Zahlreiche empirische Untersuchungen belegen die Produktivitätsfortschritte der Mitarbeiter durch die Einführung mobiler Telearbeit. Dabei beträgt der verzeichnete Zuwachs zwischen 15 und 40 % und ermöglicht den Unternehmen eine Reduzierung der Belegschaft, über die bei der Einführung von Telearbeit oft nachgedacht wird. Ein weiterer Vorteil ist die Verbreiterung der Arbeitskraftbasis; die Anzahl potenzieller Mitarbeiter erhöht sich, da die Arbeitnehmer nicht aus der gleichen Region stammen müssen.[40]

---

[38] Vgl.: Erben, R.F.;Däfler M.;Chancen und Risiken der Telearbeit; in Wirtschaftsinformatik 40 (1998); S. 191

[39] Vgl.: Erben, R.F.;Däfler M.;Chancen und Risiken der Telearbeit; in Wirtschaftsinformatik 40 (1998); S. 192 ff

[40] Vgl.: Matthies, P.: Telearbeit – Das Unternehmen der Zukunft, Markt & Technik Buch und Software-Verag GmbH, 1997, S. 64ff

Durch die Mobilität der Mitarbeiter entfallen außerdem unnötige Fahrten in die Firmenzentrale. Zudem kann der Arbeitnehmer Fahrtzeiten nutzen, um anfallende Aufgaben zu erledigen.

Zu den wirtschaftlichen Vorteilen kommen weitere Vorteile, die nur indirekt messbar sind. Durch die räumliche Nähe zu den Kunden, die schnellere Reaktionsfähigkeit der Mitarbeiter und die Möglichkeit, direkt vor Ort reagieren zu können, erhöht sich die Kundenzufriedenheit. Dadurch verbessert sich das Unternehmensimage – ein wichtiger Aspekt in Zeiten, in denen sich Unternehmen gegenüber dem Wettbewerb nicht nur über das Produkt, sondern auch über das Image profilieren.[41]

4.1.2 Risiken der mobilen Telearbeit

Die Einführung mobiler Arbeitsplätze eröffnet der Wirtschaft viele Chancen, erfordert aber ein Umdenken der Organisationsformen in den einzelnen Abteilungen und im ganzen Unternehmen. Eine neue Arbeitsform bringt zwangsläufig Risiken und Nachteile mit sich.[42]

Wirtschaftliche Risiken:

Die wirtschaftlichen Vorteile lassen sich über die geringeren Kosten leicht ausdrücken, der Nutzen mobiler Arbeitsplätze lässt sich aber nur schwer messen. Daher ist in der Praxis die Gegenüberstellung von Kosten und Nutzen nur bedingt möglich. Der Nutzen erschließt sich vielfach zunächst nur den Beteiligten selbst; eine höhere Produktivität, Motivation oder bessere Ideen sind erst messbar, wenn die mobile Telearbeit über einen längeren Zeitraum eingesetzt wird.[43]

Organisatorische Risiken:

Mobile Arbeitsplätze erfordern ein Umdenken der Organisationsformen im Unternehmen. Die Mitarbeiter sind nicht mehr ausschließlich in der Unternehmenszentrale, der Koordinationsaufwand steigt. An dieser Stelle müssen die Unternehmen Kommunikationsmöglichkeiten zwischen den Kollegen ermöglichen und gewährleisten.

---

[41] Vgl.: Erben, R.F.;Däfler M.;Chancen und Risiken der Telearbeit; in Wirtschaftsinformatik 40 (1998)

[42] Vgl.: Matthies, P.: Telearbeit – Das Unternehmen der Zukunft, Markt & Technik Buch und Software-Verag GmbH, 1997, S. 111ff

[43] Vgl.: Matthies, P., S. 113

Hilfreich sind regelmäßige Treffen zum Austausch wichtiger Informationen und Erfahrungen. Änderungen in der Organisationsform führen eventuell zur Steigerung der Kosten.

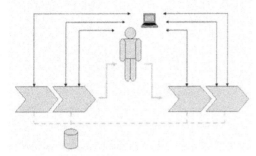

Abbildung 4: Mobiler Mitarbeiter in der Prozesskette (Quelle: GI-Edition, Mobile Business Seite 32)

Ein Grundproblem ist die Einbindung der mobilen Arbeitsplätze in die elektronisch gestützte betriebliche Leistungskette. Der Kommunikationsaufwand erhöht sich, da die mobilen Mitarbeiter oft mehr Zeit für die Informationsbeschaffung aufwenden als für die Kernaufgaben.[44]

Technische Risiken:
Technische Risiken, vor allem im Bereich Sicherheit, werden oft als Gründe gegen die mobile Telearbeit angegeben. Tatsächlich spielt die Sicherheit der Daten bei der Gestaltung der mobilen Arbeitsplätze eine wichtige Rolle. Laut Umfragen vernachlässigt der Mittelstand die Datensicherheit sträflich. Nur rund 30 % der Unternehmen im Mittelstand verfügen über ein umfassendes mobiles Sicherheitskonzept. Und nur ein gutes Viertel (27 %) achtet darauf, dass die Daten der Mitarbeiter im Außendienst verschlüsselt werden.[45]
Der Verlust der mobilen Endgeräte kann im Falle von mangelnden Sicherheitsvorkehrungen schwerwiegende Folgen haben. Beim Verlust der sensiblen Kundendaten

---

[44] Vgl.: Gummp, A.;Paulus, F.; Posttchi, K.; Einsatz mobiler Kommunikationstechnologien in der Baubranche,GI Proceeding 5, 2005, S. 32
[45] Buschmann, D.; Erfolgsfaktoren für Mobile Business; in IM Information Management & Consulting; Nr. 3; Jahrgang 22.; Seite 85

besteht die Gefahr, dass diese betriebsinternen Informationen in die Hände von Unbefugten gelangen.

Die Informationen, die mobil verarbeitet werden, müssen vertraulich, unverfälscht und verdeckt über das Internet übertragen werden. Das Risiko unverschlüsselter Kommunikation steigt mit zunehmender Mobilität der Teilnehmer. Die Unternehmen sind daher gezwungen, entsprechende Maßnahmen zu ergreifen, was sich wiederum auf die Wirtschaftlichkeit auswirkt.[46]

Die Unternehmen sind bestrebt, ein optimales Maß an Kosten und Nutzen durch den ausgewogenen Einsatz der Sicherheits- und Schutzmechanismen zu erreichen.

4.2. Arbeitnehmersicht der Chancen und Risiken

Bei der Betrachtung der Chancen und Risiken aus Arbeitnehmersicht kann, entgegen der Betrachtung aus Unternehmenssicht, keine klare Trennung vollzogen werden. Die Messbarkeit des Nutzens ist nur begrenzt möglich, da viele Vorteile und Nachteile bzw. Chancen und Risiken subjektiv wahrgenommen werden. Dennoch versuchen diverse Autoren die Chancen und Risiken der mobilen Telearbeit aus der Arbeitnehmersicht zu analysieren. Dieser Abschnitt gibt einen Überblick dieser Chancen und Risiken.[47] [48]

Grundsätzliche Vorteile, die von der Mehrheit mobiler Arbeitnehmer genannt worden sind: bessere Vereinbarkeit von Beruf und Familie, erhöhte Eigenverantwortung und dadurch Motivation, größere Flexibilität bei der Zeitgestaltung und der Wegfall von unnötigen Fahrtzeiten. Bedeutend sind in vielen Fällen die Chancen für die eigene Karriereplanung. Die Möglichkeit, ihren persönlichen Arbeitsrhythmus besser auf ihre privaten Belange abzustimmen, gibt den Arbeitnehmern die Chance, dass die Karriere nicht aus persönlichen Gründen unterbrochen werden muss.[49]

---

[46] Vgl.: Luttenberger, N.; Sicherer mobiler Dienstzugang – Gastarbeitsplätze im Intranet, in Wirtschaftsinformatik 42 (2000), S. 523-529

[47] Vgl.: Matthies, P. 1997, S. 111ff

[48] Vgl. Däfler, M-N.;Erben, R.F.; 1998; S. 191ff

[49] Vgl. Däfler, M-N.;Erben, R.F.; 1998, S. 198

Demgegenüber stehen diverse Nachteile und Risiken. Mitarbeiter, die über mobile Arbeitsplätze verfügen, verlieren oft den direkten Kontakt zu Kollegen in der Unternehmenszentrale. Wie sich diese veränderte Situation auf die Produktivität und Zufriedenheit der Mitarbeiter auswirkt, kann nur schwer gemessen werden.

Mobile Mitarbeiter sind aufgrund der Mobilität im Unternehmen oft weniger präsent. Dies bedeutet wiederum, dass die Aufstiegs- und Beförderungschancen geringer sind und die Mitarbeiter bestimmte Statussymbole verlieren können zum Beispiel ein reservierter Parkplatz). Damit diese Risiken bewertet und gewichtet werden, ist es notwendig, die einzelnen Teilnehmer getrennt zu betrachten.

5. Zusammenfassung und Ausblick

Die vorliegende Studienarbeit gibt eine Einführung in das Thema mobile Arbeitsplätze, einen Einblick in die verfügbaren Technologien, die Gestaltungsmöglichkeiten und einen Überblick der Chancen und Risiken. Vorliegende Untersuchungen, Umfragen und Studien belegen es: Die mobilen Arbeitsplätze spielen in Zukunft eine wichtige Rolle bei der Arbeitsplatzgestaltung.[50]

In Zeiten zunehmender Mobilität und schnell wachsender Wirtschaft sind die Unternehmen gezwungen, schnell auf die Veränderungen in der Umwelt zu reagieren. Durch den Einsatz mobiler Arbeitsplätze ist es möglich, die Reaktionszeit zu verkürzen. Die Distanz zum Kunden verringert sich, das Handeln findet am „Ort des Geschehens"[51] statt.

Viele Unternehmen verfügen bereits über mobile Arbeitsplätze, ein großer Anteil an Unternehmen plant die Einführung mobiler Arbeitsplätze oder hat Bedarf an mobilen Lösungen. Dennoch ist die Umsetzung mobiler Arbeitsumgebungen für viele Unternehmen noch ein Rätsel.[52]

---

[50] Vgl. Centracon Studie oder ECaTT Report 2000

[51] Vgl.: Dr. Pousttchi, K.;Thurnher, B.; Einsatz mobiler Technologie zur Unterstützung von Geschäftsprozessen; Uni Augsburg; 2002

[52] ECaTT-Report 2000, http://www.ecatt.com/statistics/tgps/nwwg9009.html

Die Technologien mobiler Arbeitsplätze haben sich in den letzten Jahren stark entwickelt. Leistungsstarke mobile Endgeräte ermöglichen es, die Arbeit auch unterwegs, außerhalb der zentralen Betriebsstätte zu erledigen. Kommunikationstechnologien befinden sich ständig in der Entwicklung. Die Geschwindigkeit mobiler Netze steigt seit Jahren stetig. Anbieter versprechen eine weitere Steigerung der Geschwindigkeit und eine europaweite Netzabdeckung. Diese „enabling technologies" ermöglichen die Weiterentwicklung mobiler Arbeitsumgebungen und einen weiteren Ausbau der Mobilität.

Mit der Verbreitung mobiler Arbeitsplätze wächst auch der Bedarf an Sicherheits- und Organisationsmaßnahmen. Die Kommunikation zwischen dem Arbeitnehmer und den Kollegen einerseits und den Vorgesetzten andererseits muss abgestimmt werden. Das Unternehmen muss die mobilen Mitarbeiter in die betriebliche Leistungskette einbinden, um die Vorteile dieser Lösungen zu nutzen.

Die mobilen Arbeitsplätze haben ein hohes Zukunftspotenzial. Es ist dennoch schwierig, die Vorteile und Nachteile, Chancen und Risiken zu messen und zu bewerten. Die Vorteile werden durch die Teilnehmer oft nur subjektiv empfunden. Um die Auswirkungen bewerten zu können, ist es notwendig, Langzeitergebnisse zu beobachten. Solche Studien sind allerdings noch nicht verfügbar. Es bleibt abzuwarten, ob sich die Prognosen zur Entwicklung mobiler Arbeitsplätze bestätigen werden.

6. Anhang

Land	Telearbeiter	Mobile Beschäftigte	Mobile Telearbeiter
Belgien	2,2	10,1	2,4
Dänemark	2,6	11,2	2,7
Deutschland	1,6	10,6	5,7
Spanien	0,3	8,3	0,8
Frankreich	2,2	13,4	2,1
Irland	0,5	15,5	4,2
Italien	0,8	8,6	5,5
Luxemburg	0,9	5,3	1,5
Niederlande	9,0	15,5	4,1
Österreich	2,0	10,0	3,7
Portugal	0,5	4,0	0,3
Finnland	4,7	13,5	6,2
Schweden	5,3	14,4	4,9
Großbritannien	2,4	14,2	4,7
EU-15	2,1	11,4	4,0
USA	5,1	13,0	5,9

Abbildung 5: Verbreitung von Telearbeit, mobiler Arbeit und mobiler Telearbeit in Europa (Quelle: Kordey N.; Verbreitung der Telearbeit; Empirica Report 2002)

Abbildung 6: Mobile Endgeräte: PDA, Notebook

Abbildung 7: Smartphone

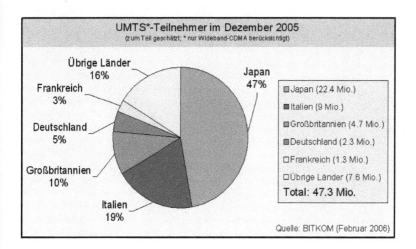

Abbildung 8: UMTS-Teilnehmer: weltweiter Vergleich

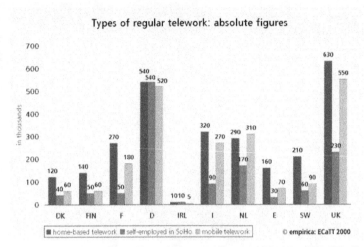

Abbildung 9: Vergleich Telearbeiter in Europa (Quelle: ECaTT Report 2000, http://www.ecatt.com/statistics/tgps/nwwg9009.html

7. Literaturverzeichnis

Arbeitsgruppe „Mobile Anwendungen", Technische Möglichkeiten und Akzeptanz mobiler Anwendungen, In: Wirtschaftsinformatik 47 (2005)

Bertsch, A.; Thiel, C.; Mobile Endgeräte und ihre Eignung für sicheren M-Commerce in HMD 224 (04/2002)

Buschmann, D.; Erfolgsfaktoren für Mobile Business; in IM Information Management & Consulting; Nr. 3; Jahrgang 22.;

Erben, R.F.;Däfler M.;Chancen und Risiken der Telearbeit; in Wirtschaftsinformatik 40 (1998);

Herzig M.; Basis Technologien und Standards des Mobile Business; in Wirtschaftsinformatik 43 (2001);

HMD, Praxis der Wirtschaftsinformatik, Heft 244, August 2005

Lipp, M.; VPN – Virtuelle Private Netzwerke, Addison-Wesley, München 2001

Küpper, A.; Reiser, H.;Schiffers, M.: Mobilitätsmanagement im Überblick – Von 2G zu 3.5G, In: Praxis der Informationsverarbeitung und Kommunikation 27 (2004)

Lehner, F.; Mobile und drahtlose Informationssysteme, Springer Verlag; 2003

Luttenberger, N.; Sicherer mobiler Dienstzugang – Gastarbeitsplätze im Intranet, in Wirtschaftsinformatik 42 (2000)

Matthies, P.: Telearbeit – Das Unternehmen der Zukunft, Markt & Technik Buch und Software-Verag GmbH, 1997

Neuburger, R.; eBusiness – Entwicklung für kleine und mittelständische Unternehmen; SPC Teia Lehrbuch Verlag; 2003

Niggl, M.;Edfelder, D.; Kraupa, M.; Telearbeit der der BMW Group, Springer-Verlag 2000

Proceeding zur 5. Konferenz MCTA 2005, Mobile Business – Processes, Platforms, Payments, Uni Augsburg

Schreiber, G. A.;UMTS Märkte – Potenziale – Geschäftsmodelle; Deutscher Wirtschaftsdienst; 2006

Schröder, L.; Mobile Telearbeit – Problemfelder und Gestaltungsideen

Bundesministerium für Arbeit und Sozialordnung, Telearbeit Leitfaden für flexibles Arbeiten in der Praxis; 2001

Stormer, H.; Meier, A.; Lehner, F.; Mobile Business – eine Übersicht; in HMD Heft 244 (08/2005)

Turowski, K.;Pousttchi, K.: Mobile Commerce – Grundlagen und Techniken. Springer Verlag, Heidelberg 2004

Walke, B.; Mobilfunknetze und ihre Protokolle Grundlagen GSM, UMTS und andere Netze; Teubner Verlag; 2001

Wiberg, M.: Empirical study of mobile work at Telia, Research Seminar in Scandinavia, 2001

Hess, T. u.a.; Technische Möglichkeiten und Akzeptanz mobiler Anwendungen in Wirtschaftsinformatik 47 (2005)

Wirtz: Kompakt-Lexikon des eBusiness, Seite 152, Gabler Verlag; 2002

Internetquellen:

Föckner, E.; Löffler, T.; Mobile Aufgabenerledigung – Auf das richtige Endgerät kommt es an, Competence Site; http://www.competence-site.de/mbusiness.nsf/

GSMA http://www.gsmworld.com/news/statistics/ Abzug vom 12/2007

Centracon: http://www.centracon.com/mobile_arbeitsplaetze.html

ECaTT-Report 2000, http://www.ecatt.com/statistics/tgps/nwwg9001.html

ECaTT-Report 2000, http://www.ecatt.com/statistics/tgps/nwwg9009.html